Fatima

Bild: lichtbrenner
www.lichtbrenner.de

Judas Aries (Pseudonym für Hubert Berghaus) wurde am 15. April 1960 im Münsterland, Norddeutschland, geboren. Der gelernte Diplom-Verwaltungswirt war seit Mitte der 90er Jahre über einen Zeitraum von sechzehn Jahren zuletzt als Kriminalhauptkommissar im Bereich Polizeilicher Staatsschutz tätig. Hierbei befasste er sich hauptsächlich mit politisch motivierten Straftaten, Extremismus und Terrorismus. Die polizeiliche Kommissionsarbeit und sein unerschütterlicher Glaube an eine wahre Schöpfungskraft brachten ihn auf die Idee zu einer literarischen Abhandlung über Gott und dessen Missbrauch. Hinter der Entstehung seiner Werke stehen Optimismus, Idealismus, aber vor allem auch das Bedürfnis eines globalen polizeilichen Staatsschutzes für die Freiheitsrechte der Bevölkerung. Judas Aries lebt im Kreis Steinfurt in Nordrhein-Westfalen.

www.judas-aries.de

FATIMA

Wozu braucht Gott Fluggeräte?

Von
Judas Aries

Bibliografische Information der Deutschen Nationalbibliothek:
Die Deutsche Nationalbibliothek verzeichnet diese Publikation
in der Deutschen Nationalbibliografie; detaillierte bibliografische
Daten sind im Internet über http://dnb.dnb.de abrufbar.

© 2018 Judas Aries
Umschlagillustration: Rael Wissdorf
Satz, Herstellung und Verlag:
BoD – Books on Demand

ISBN: 978-3-7460-2393-9

Inhaltsverzeichnis

Über dieses Buch

Dieses Buch ist vor dem Hintergrund des Sach- und Sinnzusammenhanges zu verstehen, den ich in meinen fünf aufeinander aufbauenden Sachbüchern entwickelt habe.[1] Dort habe ich konkrete und auch tatsächliche Anhaltspunkte für die Annahme formuliert, dass hinter der prominenten außerirdischen Intelligenz namens *Gott* eine reale außerirdische Macht angenommen werden darf.

Ich habe zwei Gründe, warum ich die Ereignisse von Fatima mit dieser kleinen Lektüre separat aufgreife:

Erstens bin ich im Rahmen meiner Untersuchungen zu einer ungeheuerlichen, aber nicht gänzlich unbegründeten, spekulativen Annahme bezüglich der Vorgänge in Fatima gelangt. Damit meine ich nicht die These, dass in Fatima die reale außerirdische Macht namens *Gott* handelte, anstelle des von den Gläubigen gewünschten *lieben Gottes.* Das steht nach Lage der Dinge offenbar außer Frage. Ich rede von einer wirklich schlimmen Mutmaßung, die ich ganz am Ende dieses Buches ansprechen werde.

Ein zweiter Grund, warum ich die Ereignisse von Fatima hier gesondert behandle, liegt darin, dass sie hervorragend geeignet sind, der Öffentlichkeit ihre himmelschreiende Zwiespältigkeit vor Augen zu führen, wenn es um den Beweis der Existenz echter unidentifizierter

---

[1]   Judas Aries: *Das Unternehmen Gott – Die Kriminalität (des)der (All)Mächtigen,* BoD, Norderstedt 2009.
Das Unternehmen Gott Teil II – Kampfstiefel des lieben Gottes vs. Mokassins der Mayagötter, BoD, Norderstedt 2011.
Das Unternehmen Gott Teil III – Tatort Nil, BoD, Norderstedt 2012.
Prozessakte Gott – Untersuchung einer kriminellen Vereinigung mit terroristischen Zügen, BoD, Norderstedt 2014.
Der Sitz der Götter – Generalschlüssel Terrorismus, BoD, Norderstedt 2015.

Flugobjekte und einer außerirdischen Präsenz auf unserer Erde geht. Zwiespältig ist diese Haltung deshalb, weil das Thema grundsätzlich öffentlich lächerlich gemacht wird, obwohl zeitgleich weltliche und kirchliche Wissenschaftler wie selbstverständlich über die Existenz außerirdischer Intelligenzen sprechen und einem möglichen Kontakt aufgeschlossen gegenüberstehen.

Wussten Sie zum Beispiel, dass Papst Franziskus und seine Forscher an außerirdische Intelligenzen glauben? In der Sternwarte des Vatikans arbeiten traditionell Jesuiten, die ebenso streng wie wissenschafts-freundlich sind. Seit Herbst 2015 ist der amerikanische Jesuit Guy Consolmagno Direktor der *Specola Vaticana*. Zuvor hat er die *Division for Planetary Sciences* der *American Astronomical Society* geleitet, in der sich rund 1.500 der besten Planetenforscher und Astronomen der Welt versammeln. Guy Consolmagno gilt als Top-Experte unter den Astro-physikern. Er ist fest von der Existenz außerirdischen Lebens über-zeugt und er träumt von dem Tag, *„… an dem wir andere Wesen treffen können"*[2]. Er sei sogar bereit, Außerirdische zu taufen![3] Selbstredend spricht Consolmagno in dieser Angelegenheit auch für den Jesuiten und Chemietechniker Papst Franziskus.

Bereits der Vorgänger Consolmagnos, der Jesuit José Gabriel Funes, veröffentlichte im Jahr 2008 in der vatikanischen Zeitung „L'Osservatore Romano" einen Beitrag mit der Überschrift *„Die Außerirdischen sind unsere Brüder"*.[4]

---

[2] *„Der Nerd aus dem Vatikan"*, Spiegel Online, 26.06.2016, http://www.spiegel.de/ wissenschaft/weltall/was-der-astronom-des-papstes-ueber-ausserirdische-denkt-a-1094378.html (zuletzt abgerufen: 11.01.2018).

[3] *„Astronom des Papstes will Außerirdische taufen"*, Welt Online, 05.08.2017, https:// www.welt.de/vermischtes/article167410989/Astronom-des-Papstes-will-Ausserirdische-taufen.html (zuletzt abgerufen: 11.01.2018).

[4] *„Außerirdische sind unsere Brüder"*, Welt Online, 15.05.2008, https://www.welt.de/ wissenschaft/article1997701/Ausserirdische-sind-unsere-Brueder.html (zuletzt abgerufen: 11.01.2018).

Freimütig und selbstverständlich sprechen wir über die wissenschaftlichen Projekte zur Erforschung der möglichen Existenz außerirdischen Lebens und sogar über die Möglichkeiten einer Kontaktaufnahme. Warum reagieren dann viele aggressiv diffamierend, wenn private Forscher starke Indizien für die Präsenz hochentwickelter Fluggeräte mit erstaunlichen Flugeigenschaften im Luftraum der Erde zur Sprache bringen?

Prolog

Was müsste man uns präsentieren, damit wir an die Existenz Außerirdischer auf unserer Erde glauben?

Stellen Sie sich vor, eine klassische Flugscheibe landet auf dem Innenstadtplatz irgendeines Ortes. Der Flieger ist ein Shuttle einer außerirdischen Intelligenz, die schon seit Langem auf unserer Erde tätig ist. Die Flugscheibe schwebt wenige Meter über dem Boden ruhig in der Luft. Ein Mann und eine Frau, ganz in unserem Bilde, gleiten wie von einem unsichtbaren Lift getragen aus dem Flugobjekt herab, gehen zu einem nahe liegenden Straßencafé und bestellen zwei Cappuccino.

Welche Reaktionen sind denkbar?

Die Pragmatiker suchen nach naheliegenden Erklärungen: „Hier läuft eine Science-Fiction-Filmproduktion!" Oder: „Das ist ein Gag der Werbeindustrie!"

Die Skeptiker denken an einen UFO-Scherz mit versteckter Kamera und warten auf die Verteilung der Aluminiumhüte.

Die Gleichgültigen laufen kopfschüttelnd einen Bogen um das UFO und murmeln: „Verrückt, was heute alles möglich ist."

Nur wenige Interessierte ziehen die Möglichkeit eines außerirdischen Kontaktes in Betracht.

Unterdessen zerbrechen sich Polizei und Ordnungsbehörde vorrangig den Kopf um die Fluglizenz und um die Beanspruchung des öffentlichen Verkehrsraumes. Sie befragen die beiden Verantwortlichen und erhalten die folgende Antwort:

„Wir sind Außerirdische und gleich wieder weg. Die Kaffeemaschine in Area 51 war kaputt. Und außerdem ist unser Chef der Meinung, dass die irdische Öffentlichkeit sich allmählich an unsere Existenz gewöhnen soll."

Der Cafébetreiber möchte dann doch vorsichtshalber kassieren, erlaubt sich aber die Scherzfrage: „Zahlen Sie mit klingonischer Währung?"

Der Fremde lässt sich auf das Spiel ein und antwortet: „Nein, mit Sternentaler."

„Unsinn", beschwichtigt seine Begleiterin, „wir sind auf der Erde schon lange am Ball. Selbstverständlich haben wir Geld. Wir haben es sogar erfunden, weil man die Menschheit mit diesem Konstrukt wunderbar im Griff behält. Momentan arbeiten wir schon an der Abschaffung des Bargeldes. Mit unserer Datenhoheit über die Transaktionen der Digitalwährung werden die Menschen noch transparenter."

Derweil sind zwei örtliche Pressevertreter eingetroffen. Sie suchen die Außerirdischen und man präsentiert ihnen: ein Cappuccino trinkendes Paar! Die Enttäuschung ist groß und die Außerirdischen laden die Journalisten zu einem Ausflug in den Orbit der Erde ein.

Gesagt, getan. Die Menge fotografiert und videografiert ein schlagartig in den Himmel aufsteigendes Flugobjekt, und zwei verstörte Reporter bekommen das zu sehen, was schon Abraham, Baruch und Jesaja zu alten Zeiten vergönnt war.

Was geschähe danach? Ganz einfach. In der Welt der Fakenews, der Verschwörungstheorien, der immer professionelleren Illusionen, aber auch der gezielt gesetzten Desinformation zur Diskreditierung der UFO-Forschung, würde der Vorfall in der Öffentlichkeit zerredet, zerpflückt und der Lächerlichkeit preisgegeben. Einige wenige würden noch eine Zeitlang auf Erklärungen warten, aber schon am nächsten Tag ließen die persönlichen Verpflichtungen des Alltags den Vorfall verblassen.

Was wäre die Alternative? Etwa der Glaube an die Existenz Außerirdischer auf unserer Erde? Ich bitte Sie, das wäre doch viel zu fantastisch. Wir sind doch nicht verrückt! Stattdessen käme nur etwas wesentlich

Realistischeres in Betracht: die Annahme eines Besuches vom *lieben Gott*. Und vorsichtshalber würde man auf dem Marktplatz vor dem Café zunächst eine Kapelle bauen und später eine Kathedrale.

So geschehen in Fatima/Portugal zu Beginn des 20. Jahrhunderts! Allen Ernstes, daran glauben Millionen. Wer ist denn jetzt der Fantast?

Das Sonnenwunder von Fatima

Es gibt zahlreiche Belege für das Vorhandensein unidentifizierter, hochentwickelter Fluggeräte mit erstaunlichen Flugeigenschaften im Luftraum der Erde. Die Existenz echter unidentifizierter Flugobjekte gilt als wissenschaftlich bewiesen.

Bereits vor 30 Jahren untersuchten vier staatlich beauftragte Studien UFOs und beschrieben dabei mehr als 1.000 Fälle, in denen eine Identifizierung der Flugobjekte nicht gelungen ist:

- Eine US-Air-Force-Studie durch das Battelle Memorial Institute mit Berichten des „Project Blue Book" (1947–1955) nennt 434 (19,7 %) unidentifizierte Objekte.[5]
- 37 Wissenschaftler unter Leitung von Prof. Condon analysierten im „Colorado Project" 59 Berichte: 33 Fälle (56 %) blieben unidentifiziert.[6]
- Ein Bericht der Akademie des wissenschaftlichen Instituts für Raumfahrtforschung in Moskau führt über 457 nicht zu identifizierende Objekte auf.[7]
- Eine Studie der Abteilung GEPAN/SEPRA der französischen Raumfahrtagentur CNES (Centre National d'Etudes Spatiales) in Toulouse enthielt 1987 bereits 263 UFO-Fälle (38 %).[8]

---

[5] L. Davidson: *Flying Saucers: An Analysis of the Air Force Blue Book, Special Report Nr. 14*, White Plans, New York 1956.

[6] E. U. Condon, D. S. Gillmor: *Scientific Study of UFOs*, Bantam, New York 1969.

[7] L. M. Gindilis, D. A. Menkow, I. P. Petrowskaja: *Beobachtung anomaler atmosphärischer Phänomene in der UdSSR: Statistische Analyse* (in Russisch), Akademie des wissenschaftlichen Instituts für Raumfahrtforschung, Moskau 1976 (engl. Ausgabe: CUFOS, Chicago 1977).

[8] Bericht von Jean-Jacques Velasco auf dem MUFON-Symposium 1987.

Seitdem ist die Anzahl der untersuchten und unidentifizierten Fälle
beträchtlich angestiegen.

Die Frage ist also nicht, ob es UFOs gibt, sondern um was es sich dabei
handelt. In einem Drittel aller Berichte werden UFOs als Scheiben oder
Teller mit Kuppeln beschrieben. In rund 20 % aller Berichte haben sie
die Gestalt einer Kugel.[9]

fotolia © 3000ad

Aber in nur einem Fall – nämlich in Fatima – wurden solche Fluggeräte
auf Ansage der für die Fluggeräte zuständigen Macht der Öffentlichkeit im Rahmen einer Flugshow präsentiert. Es wurde ausdrücklich mitgeteilt, wer dahintersteckt und was man von der Bevölkerung möchte.

---

[9]   Die Daten stammen aus dem Dokument von Robert Fleischer: *„UFOs, Außerirdische
      und Exopolitik"*, Stand 28.10.2016, https://www.exopolitik.org/exopolitik-und-
      ufos/exopolitik/1014-das-exopolitik-briefing-die-wichtigsten-infos-zu-ufos-auf-
      einen-blick (zuletzt abgerufen: 11.01.2018).

Wegen der konkreten Interaktion dürfen wir von einem regelrechten Kontakt sprechen.

Wie oft hören wir, dass die Entdeckung außerirdischen Lebens nur noch eine Frage der Zeit sei. Viele Wissenschaftler schließen die Begegnung mit einer außerirdischen Intelligenz nicht nur nicht mehr aus, man bereitet sich sogar bereits auf den Erstkontakt vor.[10]

In Fatima hat so ein Kontakt vor rund 100 Jahren stattgefunden! Es handelt sich um eine Begebenheit, die sich über gut vier Jahre hinzog und die vollkommen falsch mit der Bezeichnung „Sonnenwunder" belegt ist. Dieser Begriff wurde von nur einem einzigen Reporter unter den damals Anwesenden geprägt. Etliche Zeugen berichteten dagegen schon ab den Erscheinungen am 13. August und am 13. September 1917, also nicht nur auf das sogenannte Sonnenwunder vom 13. Oktober 1917 bezogen, Folgendes:

- Die sogenannten Seherkinder von Fatima sahen ein Himmelsgefährt mit sich öffnenden und schließenden Toren und einer Art Leiter aus Licht. Die Kinder hatten sogar Angst, dass die Liebe Frau von Fatima sich die Füße einklemmt.[11]

---

[10] „*NASA bereitet die Menschheit auf Erstkontakt vor*", Forschung und Wissen online, 17.09.2014, https://www.forschung-und-wissen.de/nachrichten/astronomie/nasa-bereitet-die-menschheit-auf-erstkontakt-vor-13372022 (zuletzt abgerufen: 11.01.2018). (Die US-amerikanische Weltraumbehörde NASA und die US Library of Congress gaben am 18.09.2014 eine Konferenz, auf der die Menschheit auf den Erstkontakt mit außerirdischem Leben vorbereitet werden sollte. Die Konferenz trug den Titel *Prepare for Discovery – A Rational Approach of Finding Microbial, Complex, or Intelligent Life Beyond Earth*.)

[11] Vgl. Francisco Mourão Corrêa: *Das Rätsel von Fatima – Marienerscheinung oder Alienkontakt*, Vortrag für Exomagazin.tv, Leipzig 10.06.2017, https://www.exomagazin.tv/das-raetsel-von-fatima/ (zuletzt abgerufen: 11.01.2018).

- Der Menschenmenge wurden leuchtende, oval geformte Objekte präsentiert, die gleichmäßig, aber schnell umherflogen.[12]

- Desgleichen erschienen leuchtende Kugeln, die sich in den Wolken drehten und dabei verschiedene Lichter zeigten. Angekündigt wurden sie von einem furchtbaren Donnerschlag, gefolgt von einem grellen Blitzstrahl, der die Luft durchzog.[13]

- Abertausende sahen eine einzelne leuchtende Kugel, langsam und majestätisch gleitend. Das Volk hatte den Eindruck, diese Kugel diene der „Lieben Frau" von Fatima als Himmelswagen. Das portugiesische Volk hat sie das „Flugzeug Unserer Lieben

---

[12] Vgl. Francisco Mourão Corrêa: *Das Rätsel von Fatima – Marienerscheinung oder Alienkontakt.*

[13] Vgl. Francisco Mourão Corrêa: *Das Rätsel von Fatima – Marienerscheinung oder Alienkontakt.*

Frau" genannt. Andere sprachen von einem „Auto", das die Dame transportierte.[14]

- Es fielen weiße Fäden und Flocken vom Himmel, die sich zum Teil auflösten, bevor sie den Boden berührten. Dieses Phänomen wiederholte sich seitdem an den Tagen der Pilgerzüge mehrmals in Fatima, vor den Augen von Hunderttausenden. Besonders am 13. Mai 1924, also noch sieben Jahre später.[15]

Interessanterweise trat dieses Phänomen im Rahmen eines bekannten UFO-Verdachtsfalles ebenfalls in Portugal auf, und zwar im Jahr 1959 in Evora. Gegen zwölf Uhr sah die Öffentlichkeit ein seltsames Objekt am Himmel über der Stadt. Es war ein rundes Objekt, gefolgt von einem zweiten, wesentlich größeren. Die Unterseite erinnerte an eine große Qualle. Beide Objekte flogen plötzlich fort und es fielen weiße Fäden

---

[14] Casimir Barthas: *Die Kinder von Fatima*, Kanisius Verlag, 7. Auflage, Freiburg (Schweiz) 1993.

[15] Vgl. Barthas, S. 115.

vom Himmel auf die Stadt. Die Leute nannten es „Engelshaar". Der Fadenregen dauerte vier Stunden. Natürlich wurde auch „Engelshaar" sichergestellt und untersucht, und zwar mit dem brisanten Ergebnis, dass kleine Organismen in diesem seltsamen Material nachgewiesen wurden![16] Es handelt sich hierbei zwar um einen anderen Schauplatz, allerdings – ganz sicher – nicht um andere Akteure.

Vergessen wir also den Begriff „Sonnenwunder". Wir sprechen hier über inszenierte Flugtage für die Öffentlichkeit. Den Anwesenden wurde nämlich am 13. Juli 1917 mitgeteilt, doch bitteschön jeweils am 13. der drei Folgemonate wieder zugegen zu sein. Während dieser Termine zeigten sich die bereits erwähnten Flugobjekte mit all dem beschriebenen Beiwerk, und zwar im Auftrag des prominentesten Außerirdischen auf unserer Erde, namentlich Gott!

Tatsächlich, der allseits bekannte *liebe Gott* setzte sich mit Hilfe eines realen Botschafters und einer Art Hologramm-Technologie in Szene. Er nahm mit konkreten Vorgaben Einfluss auf die Weltpolitik, so wie in all den Epochen zuvor auch. In Fatima handelte er nach bester alttestamentarischer Art. Er verpflichtete eine Prophetin, die erst im Jahr 2005 starb und schon drei Jahre später seliggesprochen wurde.

Warum aber stellen sich die aufgeklärten Menschen des 21. Jahrhunderts nicht die Frage: Wozu braucht Gott Fluggeräte? Stattdessen baut man eine Kathedrale am Ort des Geschehens. Und wie passend ähnelt die im Jahr 2007 am Erscheinungsort in Fatima eingeweihte viertgrößte katholische Kathedrale der Welt eher einer gelandeten Flugscheibe als einer typischen Kirche.

Warum spricht man nicht über die Fakten in Fatima? Warum weigerte sich in jüngster Zeit ausgerechnet der *History Channel* im Rahmen der Serie *„Ancient Aliens"* eine Folge über die Ereignisse in Fatima

---

[16] Vgl. Francisco Mourão Corrêa: *Die X-Akten der portugiesischen Luftwaffe*, Vortrag für Exomagazin.tv, Leipzig, 12.08.2017, https://www.exomagazin.tv/portugals-x-akten/ (zuletzt abgerufen: 11.01.2018).

auszustrahlen, obwohl dem Sender eine professionelle Dokumentation von wissenschaftlicher Seite mit neuen Erkenntnissen angeboten wurde? Angeblich wolle man die religiösen Gefühle nicht verletzen.[17] Die wahre Antwort könnte lauten: Es liegt an der religionspolitischen Brisanz in der Sache. Nicht nur der *History Channel* scheut sich vor dem konsequenten Schritt, Gott als eine reale, hintersinnige, politische Macht ins Spiel zu bringen. Meines Erachtens hält sich sogar der *„Ancient Aliens"*-verbundene Erich von Däniken mit dieser konsequenten Schlussfolgerung aus taktischen Gründen zurück.

Sei's drum, denn wir haben das Zeugnis der Hauptperson in dieser Sache, nämlich von Schwester Lucia. Sie ist die maßgebliche Akteurin unter den drei sogenannten Seherkindern, verstorben im Jahr 2005.

Am 17. und 18. Oktober 1946 sprach Lucia zwei volle Tage lang mit dem Theologen Dr. Casimir Barthas über die vorangegangenen 30 Jahre, also seit ihrer ersten Begegnung der dritten Art.[18] Barthas war ein Priester der Diözese Toulouse in Frankreich. Das Gespräch fand im Kolleg Do Sardao in Vila Nova de Gaia, in der Nähe von Porto, statt. Der Bischof von Leiria und andere Obere gaben Barthas die Erlaubnis dazu. Er war – so wie Lucia auch – hundertprozentig gottgläubig und absolut glaubwürdig in der Wiedergabe der Ereignisse. Und das ist unser Glück. Die Ehrlichkeit beider Personen lässt uns tief blicken.

Wir haben hiermit die Chance, fast am Puls der Zeit Vorgänge aufzubereiten, die im Einklang stehen mit den Ereignissen um die Astronautengötter in der Prä-Astronautik. Die Fatima-Vorfälle sind viel zu komplex und gewaltig, um ein Hirngespinst zu sein. Sie sind definitiv nicht das Resultat einer Massensuggestion und auch kein „Fake". Deshalb stellen wir uns die folgenden vier Fragen:

---

[17] Vgl. Francisco Mourão Corrêa: *Das Rätsel von Fatima – Marienerscheinung oder Alienkontakt.*

[18] Vgl. Barthas, S. 267.

- Wer handelte?
- Mit welchem Motiv?
- Warum in Fatima/Portugal?
- Wieso ausgerechnet während der Jahre 1915 bis 1917?

Die erste Anbahnung

Das göttliche Freilufttheater begann mit drei eher weniger bekannten internen Vorbereitungen für die zehnjährige Lucia, ihre siebenjährige Cousine Jacinta und deren neunjährigen Bruder Francesco. Das war im Frühjahr 1916 oder bereits ab Herbst 1915. Lucia konnte die Zeit später nicht mehr genau einordnen, weil sie damals den Kalender noch nicht verstand.[19]

Wie dem auch sei. Die Kinder sind beim täglichen Schafehüten. Es beginnt zu regnen und sie suchen Schutz in einer kleinen Felsennische. Dann beginnt der Budenzauber. Es erscheint eine männliche junge Person, die ihren Namen nicht nennt. Die Kinder erhalten einen Crashkurs in Sachen Beten und Demut vor Gott, und zwar bis Ende 1916 insgesamt dreimal.

Der jugendlich wirkende Typ ist von einem unnatürlich weißen Licht umhüllt und stellt sich als der Engel des Friedens vor. Er fordert die Kinder auf, mit ihm zu beten. Dazu kniet er sich nieder und betet mit der Stirn auf dem Boden dreimal das folgende Gebet:

„Mein Gott, ich glaube an Dich, ich bete Dich an, ich hoffe auf Dich, ich liebe Dich. Ich bitte Dich um Verzeihung für jene, die nicht glauben, Dich nicht anbeten, nicht auf Dich hoffen und Dich nicht lieben."

---

[19]   Vgl. Barthas, S. 44.

Die Kinder fühlen sich wie von einer überirdischen Macht angezogen, werfen sich auch auf den Boden und wiederholen jeweils das Gebet. Der junge Mann befiehlt, das Gebet immer und immer wieder aufzusagen und auswendig zu lernen.

Die Kinder sind dermaßen geschockt, dass sie bis zum Folgetag nicht einmal untereinander darüber sprechen. So erfährt Francesco erst tags darauf, dass der Engel sprach und betete. Im Gegensatz zu seiner Schwester und seiner Cousine hat er alles gesehen, aber nichts gehört.

Bei der zweiten Begegnung im Sommer 1916 spielen die Kinder im Garten von Lucias Elternhaus. Plötzlich steht derselbe Jüngling wieder vor ihnen und tadelt sie wegen ihrer kindlichen Ausgelassenheit. Er fordert Gebete, Disziplin und Opfer als Genugtuung für die vielen Sünden auf der Welt. Vor allem sollen die Kinder sich auf Leiden einstellen, „*... die euch der Herr senden wird. Nehmt sie mit Ergebung an und ertragt sie!*"[20]

---

[20]   Barthas, S. 46 f.

Beim dritten Mal, im Herbst 1916, erhält ausschließlich Lucia von ihm die Kommunion. Die Kinder werfen sich danach wieder auf die Erde, die Stirn zum Boden geneigt, und beten. Ebenso der junge Mann. Dreimal hebt er den Oberkörper und dreimal betet er mit der Stirn auf dem Boden. Die Kinder fühlen sich danach gelähmt, körperlich niedergeschlagen und erhalten nur langsam ihre Kräfte zurück.[21]

Exkurs

Hier sollten wir kurz innehalten und einer Handlungsparallele zu der Anwerbung des Propheten Mohammed nachgehen. Auch er wurde von einer männlichen Person im Auftrag Gottes auserwählt, und zwar von Gabriel. Auch er sollte göttliche Worte für die Öffentlichkeit auswendig lernen, und zwar den Koran. Auch er fühlte sich nach den Begegnungen gelähmt und körperlich niedergeschlagen. Natürlich war die von Mohammed verlangte Leistung ungleich größer. Aber bedenken Sie, dass im Islam die sogenannten Hafs unter den Imamen in der Lage sind, den umfangreichen Koran fehlerfrei auswendig zu rezitieren. Diese Praxis wurde bereits zu Zeiten Mohammeds gepflegt. Es gab immer Muslime, die den jeweils vorliegenden Prophetentext auswendig beherrschten.

An dieser Stelle sind ein paar Worte zu den Gemeinsamkeiten von Bibel und Koran erforderlich. Beide erzählen dieselbe Geschichte und haben denselben Gott. In der göttlichen Handlungsanweisung namens Koran hat unser galaktischer Potentat die gesamte biblische Geschichte erneut vorgekaut. Das war nötig, weil die Menschen nach dem Freilufttheater am Kreuz nicht schnell genug in die Pötte kamen.

Auch im Koran beginnt das „Projekt Erde" mit Adam und der Vertreibung aus dem Paradies. Danach folgen dieselben Propheten wie in der

---

[21] Vgl. Barthas, S. 47 ff.

Bibel, also von Henoch hin zu Abraham und weiter bis Johannes der Täufer und Jesus. Selbst die Weihnachtsgeschichte ist präsent. Auch im Koran erscheint Gabriel der Maria als normaler Mann und kündigt die von Gott beabsichtigte Jungfrauengeburt an.[22] Alles drin, alles dran, alles identisch. Seltsam, dass insbesondere heutzutage kaum einer diesen Fakt offen ausspricht.

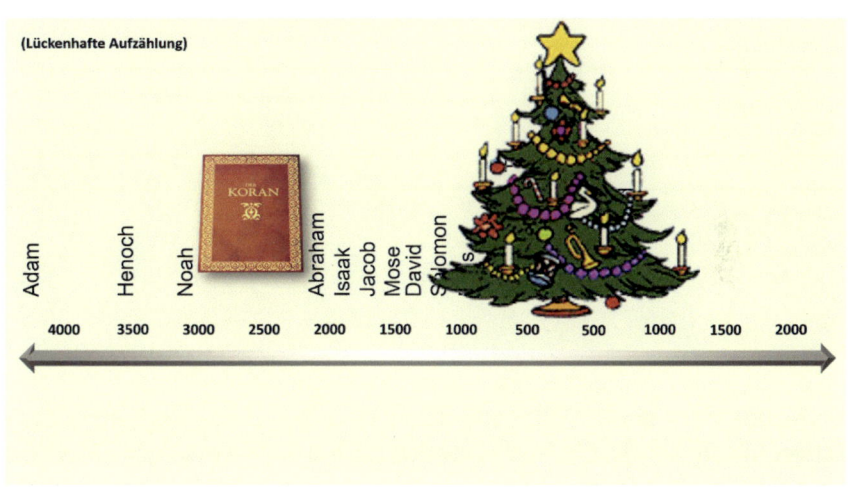

Nicht einmal das Kreuz wird im Koran abgelehnt. Häufig hört man den aus Sure 4 entlehnten Satz: *„Sie haben ihn nicht getötet und haben ihn nicht gekreuzigt …"*

Regelmäßig wird hierbei aber der Kontext und somit der Bezug zur ganzen Sure vernachlässigt. Der außerirdische Fürst namens Gott spricht hier mit den Juden, die behaupten, Jesus getötet zu haben. Das wollte Gott sich nicht bieten lassen, weil der angebliche Tod am Kreuz nämlich sein Plan war. Deshalb steht dort, dass es ihnen nur so vorkam, als wenn sie Jesus am Kreuz getötet hätten. Vielmehr habe Gott sich

---

[22] Vgl. Koran, Sure 19, *Maria*.

um Jesus gekümmert. Laut Koran wollte er Jesus zu sich in den „Himmel" erheben. Er ließ sich eben nicht das Heft aus der Hand nehmen.

Sie haben ihn nicht getötet und haben ihn nicht gekreuzigt ...

Siehe, wir haben den Messias Jesus, den Sohn der Maria, den Gesandten Allahs, ermordet ...

... doch ermordeten sie ihn nicht und kreuzigten ihn nicht ... nicht töteten sie ihn in Wirklichkeit, sondern Allah erhöhte ihn zu sich ... (Sure 4:157)

... da sprach Allah: Oh Jesus, siehe, ich will dich verscheiden lassen und ich will dich erhöhen zu mir ...

Im Koran steht auch nichts von einer Feindschaft im Verhältnis zwischen Muslime und Christen. Der aus Sure 9 entlehnte Satz *„Tötet die Ungläubigen, wo immer sie sich verstecken"* gilt heidnischen Arabern! Diese verwehrten Mohammed die freie Pilgerfahrt nach Mekka. Mohammed erinnerte sie an seine vorherigen Siege und drohte, Mekka einzunehmen. Die Araber gaben klein bei und boten an, zu Gott zu konvertieren. Das ist alles. Dies entsprach aber auch der neuen politischen Marschroute Gottes, die darin bestand, möglichst zu vereinnahmen, statt zu töten. Aber eben doch nicht zimperlich zu sein, wenn der Zweck die Mittel heiligt. So kennen wir ihn. Und so handeln unsere Politiker doch auch.

Also noch einmal: Der Koran ist eigentlich nichts anderes als die Bibel, nur dass der Chef himself beim Wiederholen derselben Geschichte kräftig auf den Tisch schlug und forderte: „Jetzt fresst doch endlich, was wir schon mit der Bibel zusammengestellt haben!"

Tatsächlich gibt es Gründe für die Annahme, dass bereits die Bibel ein Tatmittel Gottes war. Natürlich ist mir bekannt, dass die Bibel auf einem Sammelsurium tausender Schriften beruht, allesamt verändert, gestrichen und wieder rückverändert. Aber irgendjemand hatte einen verdammt guten Überblick, um die Loseblattsammlung der Gottesereignisse aus verschiedenen Epochen in einer unmenschlichen Leistung zu einem schlüssigen Führungsmittel zusammenzufassen.

Tatsächlich nahm die Bereitschaft zum Empfang der Botschaft erst nach Mohammed rasant zu. Der Facettenreichtum verschiedener Glaubensgruppierungen dürfte Gott allerdings nicht ins Konzept passen. Der von Gott gewünschte Glaube an die Authentizität seiner Person bedingt eine einheitliche Akzeptanz seiner Autorität. Dies wäre für das „Projekt Erde" wichtig, denn es würde die noch ausstehende öffentliche Wiederkehr ungemein erleichtern. Der gegenwärtige religionspolitische Zustand ist also ganz sicher kein Endzustand.

Der 13. Mai 1917

Zurück nach Fatima. Am 13. Mai 1917 hüten die Kinder wieder Schafe. Als die Sonne am höchsten steht, erscheint ein Lichtstrahl am Himmel, der einer Lichtexplosion gleicht. Daraus erwächst die „schöne Dame" direkt vor den Kindern. Auch die Kinder stehen in dem Lichtglanz. Eine liebevolle Stimme sagt:

„Habt keine Angst. Ich tue euch nichts zuleide."

Lucia fragt: *„Woher seid Ihr?"*

„Ich komme vom Himmel." Die Dame zeigt zum blauen Firmament.

„Und was wollt Ihr von uns?"

„Ich bin gekommen, euch zu bitten, noch fünfmal zur gleichen Stunde wie heute, am 13. jeden Monats, hierher zu kommen; dann werde ich euch sagen, wer ich bin und was ich von euch will."

„Ihr seid vom Himmel? Werde ich auch in den Himmel kommen?", fragt Lucia.

„Ja."

„Und Jacinta?"

„Sie auch."

„Und Francesco?"

Bei Francesco stockt die Dame. Sie blickt ihn mütterlich mitleidig an und stellt eine Bedingung:

„Ja, auch er …, aber er muss viel beten."

Das Zögern ist interessant. Erinnern wir uns an die geschilderte Begegnung mit dem jungen Mann. Francesco konnte ihn wohl sehen, aber im Gegensatz zu Lucia und Jacinta nicht sprechen hören. Bei dieser ersten Begegnung mit der jungen Frau kann er sie nicht nur nicht hören, sondern auch nicht sehen. Er sieht sich aber wohl von dem Licht umhüllt und er kann Lucia sprechen hören. Er ist zu Recht verwirrt:

„Lucia, was redest du? Ich sehe nichts!"

Lucia findet das seltsam: *„Ihr seid also eine Dame vom Himmel und Francesco kann Euch nicht sehen?"*

Der Ausschluss Francescos ist offensichtlich und er wird daraufhin regelrecht zugeschaltet. Aber nur visuell. Die Dame hören soll er auch weiterhin nicht. Wir erkennen hier eine klare Außenseiterrolle Francescos, für die ich eine Erklärung habe. Dazu später mehr.[23]

Der 13. Juni 1917

Beim zweiten Erscheinen, einen Monat später, fordert die Dame von Lucia, dass sie eine Schule besuchen soll. Das war keine gewöhnliche Forderung. 1917 waren mehr als 70 % der Portugiesen nie zur Schule gegangen.

Lucia fragt die junge Frau, ob sie und die beiden anderen ins Paradies kämen. Die Antwort lautet:

„Ja. Jacinta und Francesco werde ich bald holen. Du aber musst noch einige Zeit hier unten bleiben. Jesus will sich deiner bedienen, damit man mich kennen und lieben lernt."

Bei diesem Treffen sind ca. 60 Neugierige anwesend. Während die Kinder im Lichttheater mit der Dame sind, sehen die Außenstehenden nur eine leichte Wolke. Mit dem Verschwinden der Dame hören sie aber ein Geräusch wie das entfernte Zischen einer Spindel.[24]

Der 13. Juli 1917

Die Masse der Neugierigen steigt sprunghaft auf nunmehr ca. 5.000 an. Wie immer kommt von Osten ein Blitz und die Kinder finden sich in einem übernatürlichen Lichtglanz wieder. Genau wie im vorhergehenden Monat hören die Nächststehenden ein leichtes Geräusch, *„... wie das einer Bremse im Krug"*[25]. Lucia traut sich, die Dame nach

---

[23] Vgl. Barthas, S. 52 ff.

[24] Vgl. Barthas, S. 72 ff.

[25] So Herr Marto, der Vater von Francesco und Jacinta; siehe Barthas, S. 88.

ihrem Namen zu fragen. Auch möchte sie einen Beweis ihrer Existenz für die Außenstehenden. Die Antwort lautet:

„Kommt weiterhin alle Monate hierher. Im Oktober werde ich euch sagen, wer ich bin und was ich wünsche. Und ich werde ein Wunder wirken, das jedermann sehen wird, damit man euch glaubt."

Erst 24 Jahre später, im Jahr 1941, fühlte Lucia sich zu der Mitteilung ermächtigt, dass die Dame ihr am 13. Juli drei Botschaften für die Öffentlichkeit preisgab.[26] Dazu komme ich noch.

---

[26] Vgl. Barthas, S. 85 ff.

Der 13. August 1917

Mittlerweile platzt den Behörden der Kragen, denn jede religiöse Kundgebung außerhalb der Gotteshäuser ist in Portugal verboten. Weil der religiöse Charakter der Zusammenkünfte nicht mehr zu verleugnen ist, befiehlt der Bezirksvorsteher die Festnahme der Kinder.

Trotzdem finden sich am 13. August 15- bis 20.000 Personen ein und sie hören als Auftakt einen furchtbaren Donnerschlag. Es folgen der bekannte Blitzstrahl und ein ungeheures, unerklärliches Farbenspiel, das sich auf alles und jeden erstreckt. An der Stelle, wo die Kinder zuvor immer standen, sieht man wieder die Wolke, die sich nach zehn Minuten erhebt und verschwindet.

Vier Tage später sind die Kinder wieder zu Hause. Da sieht und hört Lucia die typischen Zeichen für die Ankunft der Dame. Die Kinder bekommen von ihren gar nicht mehr so skeptischen Eltern die Erlaubnis, hinauszulaufen.

Es läuft alles ab wie gewohnt. Die Dame erscheint, aber ihre Worte

29

lassen sehr wohl auf eine beobachtende und operierende Macht schließen, denn sie spricht:

„Hätte man euch nicht entführt, so wäre das Wunder noch großartiger gewesen."

Sie verspricht den Kindern ein Trostpflaster. Sie würden im Oktober exklusiv den heiligen Joseph und das Jesuskind sehen. Tatsächlich hielt man sich an diese Abmachung.[27]

Der 13. September 1917

Am 13. September sind die Straßen nach Fatima mit Fahrzeugen und Fußgängern überfüllt. Trotz der laufenden Weinernte erscheinen an die 30.000 Pilger. Der Himmel ist blau und wolkenlos. Gleichwohl steht die Menge Punkt zwölf Uhr in einer solchen Dunkelheit, dass einige bezeugen, die Sterne gesehen zu haben. Die Dunkelheit löst sich auf und die Menge sieht ein leuchtendes Etwas, ähnlich einer Kugel, langsam und majestätisch von Osten nach Westen gleitend.

Mit dem Fortgang der Dame löst sich auch die typische Wolke auf und die Menge hat den Eindruck, die leuchtende Kugel diene der Dame als Wagen in den Himmel. Dabei fallen die schon erwähnten weißen Flocken vom Himmel.[28]

Nebenbei bemerkt: Wenn sich die in Fatima operierende Macht schon als Gott outete, worauf die schöne Dame mehrmals hinwies, dann sollten wir registrieren, dass der *Tag-zur-Nacht-Trick* laut Bibel bereits zweimal zuvor angewendet wurde. Zum einen bei dem vorsintflutlichen Propheten Henoch und zum anderen bei Jesus am Kreuz. Dort auch pünktlich zur Mittagszeit. Und last but not least gibt es in der

---

[27] Vgl. Barthas, S. 110 ff.
[28] Vgl. Barthas, S. 113 ff.

altindischen Literatur einen Hinweis auf eine Apparatur der Götter, mit der sie den helllichten Tag in Dunkelheit verwandeln konnten.[29]

Der 13. Oktober 1917[30]

Der 13. Oktober ist kalt, trübe und regnerisch. Trotzdem sind gegen 11:30 Uhr mindestens 50.000 Leute da. Es läuft wie geschmiert. Die Kinder befinden sich im 3D-Lichttheater, die Außenstehenden sehen stattdessen die helle Wolke, bis zu fünf, sechs Meter hoch. Die Dame stellt sich den Kindern als Botschafterin Gottes vor. Es sei an der Zeit, die Gläubigen erneut auf die Spur zu setzen. Der Herr würde zu sehr vernachlässigt und beleidigt. Es würde zu viel gesündigt.

Als Beweis für das Handeln Gottes bekommen die Leute am Himmel eine riesige silberne Scheibe zu sehen, die sich plötzlich schnell um die eigene Achse dreht, in kräftigen Farben leuchtet und Feuerflammen ausstößt. Die Scheibe bewegt sich dreimal in einem Kreisflug auf die Erde zu. Innerhalb der Flugbahn kommt es zu einer Hitzeeinwirkung, die die vom Regen durchnässten Kleider der Anwesenden trocken werden lässt. Einige Schaulustige erleiden auch leichte Verbrennungen wie bei einem Sonnenbrand. Die Menschen außerhalb der Flugbahn werden davon verschont und deren Kleidung bleibt nass. Bei den wenigen Autos in unmittelbarer Nähe tritt mechanisches Versagen ein. Auch Windschutzscheiben gehen plötzlich zu Bruch, Benzin entzündet sich und verursacht Feuer.

---

[29] Siehe Erich von Däniken: *Die Götter waren Astronauten*, Goldmann Verlag, München 2001, 4. Kapitel.

[30] Vgl. hierzu Francisco Mourão Corrêa: *Das Rätsel von Fatima – Marienerscheinung oder Alienkontakt*. Siehe auch Barthas, S. 119 ff.

Täter und Tatmotiv

O.k. Wer handelte hier? Definitiv die bekannteste außerirdische Intelligenz auf unserer Erde, namentlich Gott! Immerhin wurde die Dame nicht müde, darauf hinzuweisen, ebenso die Weltpresse von Mai bis Oktober 1917.

Wenn wir der schönen Dame Glauben schenken, dann steckte hinter den UFO-Vorgängen in Fatima wohl der *liebe Gott*. Und nicht umsonst wurde an der Stelle der Erscheinungen die viertgrößte Kathedrale der Welt erbaut. Millionen pilgern nach wie vor dorthin. Das ist ja das Kuriose!

Und tatsächlich: Die Gläubigen haben mit dieser Annahme mehr recht, als sie denken mögen. Das ist das Verzwickte an dieser Sache.

Aber mit welchem Motiv handelte Gott ausgerechnet während der Zeit zwischen 1915 und 1917? Meine Antwort lautet: Er hatte einen speziellen Anlass für sein Handeln in Fatima zu Beginn des 20. Jahrhunderts, und er hat nach wie vor ein Problem.

Die Hintergründe sind sehr komplex. Diese kann ich im Rahmen des vorliegenden Buches unmöglich wiederholen. Zur Klärung dieses Sach- und Sinnzusammenhanges habe ich fünf Bücher geschrieben und einen vierteiligen Grundsatzvortrag à 60 Minuten geschaffen. Ich kann an diesem Ort nur in den Raum stellen, dass Gott meines Erachtens definitiv eine reale außerirdische Intelligenz ist, die – offenbar Hand in Hand mit einem irdischen Global Player – die Erde für sich reklamiert. Gott ist der eigentliche Nutznießer des Projekts und der Global Player bekommt im Gegenzug die Verfügungsgewalt über die Erde. Zu diesem Zweck bedient man sich des Geldes und eines übermenschlichen Wissensmonopols über alles und jeden.

Wir haben keinen Grund zu der Annahme, dass die Lenkung der irdischen Politik durch die außerirdische Macht namens Gott eingestellt wurde. Zum einen ist das Vorgehen physikalisch möglich. Die Zeit kann im Weltraum in sich relativ zueinander bewegenden Bezugssystemen gedehnt werden. Gott macht aus seiner Kunst der Beherrschung dieser Zeitdilatation keinen Hehl (vergleiche die Bibel, Psalm 90,4 und den Koran, Sure 22,46). Zum anderen ist es geschichtlich begründet. Wir müssen nur in das Drehbuch schauen, das das Leben schrieb. Ich meine damit die religiösen Schriften und Überlieferungen, die rund um den Erdball kulturübergreifend ein und denselben Sach- und Sinnzusammenhang aufweisen.

Diese Überlieferungen bilden eine filmreife Serie mit etlichen Staffeln. Kein Filmproduzent dieser Erde könnte spannendere Intrigen ersinnen, als es das göttliche Ränkespiel zur Vereinnahmung der Erde vormacht. Und die letzte Staffel ist noch nicht gelaufen. Gott will nicht mehr und nicht weniger als das, was jede Intelligenz anstrebt: den gesellschaftlichen Anschluss. Diesem soll mittels bestimmter Leistungen die Entfaltung von Macht folgen, also die Kontrolle und Beeinflussung des Erlebens und Verhaltens der Menschen. Gottes ausdrücklich erklärtes Ziel ist der Besitz der Erde samt Mann und Maus. Letztendlich will er sich – wie wir alle wissen – öffentlich präsentieren.

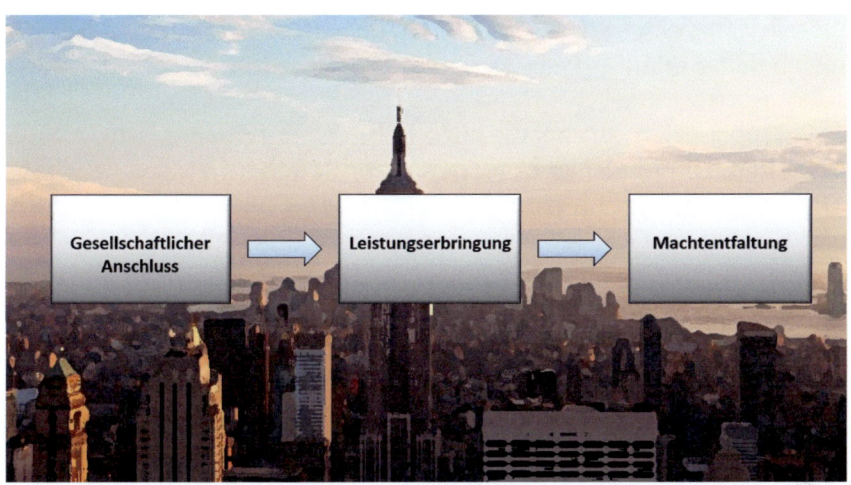

Jetzt kommt der Knackpunkt. Um eine starke öffentliche Präsenz auf der Erde zu erreichen, braucht Gott eine einheitliche Akzeptanz seiner Authentizität. Das ist wichtig, denn nur mit einem einheitlichen Fokus auf ihn als höchste Instanz kann er, ohne Kulturschock und ohne Schaden für das Funktionieren der Gesellschaft, nach und nach die Erkenntnis durchsickern lassen, dass die Menschen für einen Nutznießer aus dem Kosmos arbeiten, indem sie dem Geld hinterherlaufen und den Ball, den Erdball, im Spiel halten. Er ist Nutznießer und Hauptprofiteur des gesamten Projekts, während er seinem irdischen Bündnispartner die Verfügungsgewalt über die Erde lässt.

Natürlich müssen die Menschen geistig reif sein für diesen „Götterschock", um die Erkenntnis der außerirdischen Gewöhnlichkeit Gottes auch zu verkraften. Erst mit dem Eintritt ins Raumfahrtzeitalter ist der Zeitpunkt gekommen, gleich einem Kind, das mit zunehmender Lebenserfahrung die Mär vom Christkind verdaut.

Selbstverständlich darf niemand einen Strich durch diese Rechnung machen und den *lieben Gott* vorzeitig aus den Köpfen tilgen. Unser egoistischer Potentat sah sich aber zu Beginn des 20. Jahrhunderts plötzlich mit einem drohenden Gesichtsverlust konfrontiert, den ich gleich näher erläutern werde.

Zuvor möchte ich kurz auf die historische Bedeutung des Ortes Fatima eingehen. Dieser Ort steht wegen einer Begebenheit aus dem Jahr 1158 ausgerechnet für eine Verbindung von Christentum und Islam, also für die von Gott seit eh und je beabsichtigte religiöse Einheit im Geiste.

Im 12. Jahrhundert stand ein großer Teil Portugals unter islamischer Herrschaft. Der gefürchtete „Mohrenfresser", Hauptmann Don Gonçalo Hermingues, überfiel im Jahr 1158 einen Trupp arabischer Ritter mit ihren Damen. Als Lohn für den erfolgreichen Einsatz wünschte er sich die vornehmste der gefangenen Damen, die den Namen Fatima trug. Der König gewährte ihm diesen Wunsch, allerdings nur unter dem Vorbehalt, dass die muslimische Frau zum Christentum konvertiert und den Hauptmann heiratet.

Gesagt, getan. Fatima erhielt christlichen Unterricht, wurde getauft und hieß fortan Oureana. Der Hauptmann erhielt als Hochzeitsgeschenk das Städtchen Abdegas, das seit jenem Tag Oureana hieß. Heute trägt es den Namen Ourem. Als Fatima starb, trat der untröstliche Hermingues in ein Kloster ein, 30 Kilometer von Ourem entfernt. Der Abt des Klosters errichtete sechs Kilometer nördlich von Ourem der Mutter Gottes zu Ehren eine Kapelle und ein Kloster. Dorthin sandte er Gonçalo Hermingues. Auf dessen Bitte wurden die sterblichen Überreste seiner geliebten Oureana in der Klosterkapelle beigesetzt. Seit dieser Zeit trug das Dorf den Namen der Prinzessin: Fatima.[31] Das könnte der historische Bezug sein.

Darüber hinaus denke ich, dass die Zeit des sogenannten „Sonnenwunders" zwischen 1915 und 1917 nicht willkürlich gewählt war. Albert Einstein vervollständigte im Jahr 1915 seine allgemeine Relativitätstheorie. 1916 veröffentlichte er den Aufsatz unter dem Titel „Die

---

[31]   Vgl. Barthas, S. 9 f.

Grundlage der allgemeinen Relativitätstheorie". 1917 folgte der Aufsatz „Kosmologische Betrachtungen zur allgemeinen Relativitätstheorie". Mit Einsteins bahnbrechendem Konzept geriet das bis dahin geltende Weltbild ins Wanken und die neuen Einsichten gingen zwangsläufig mit kritischen Fragen zur religiösen Weltanschauung einher. Von da an bestand die Gefahr, dass die Erklärungen der Wissenschaft schwerer wiegen könnten als der Glaube an den Heiligen Geist im Universum. Die Controlling-Abteilung Gottes war gefordert und mit Fatima brachte Gott sich definitiv nachhaltig in Erinnerung. Das müssen wir neidlos anerkennen. Damit hielt er das Heft wieder in der Hand.

Die drei Botschaften

Gott verfolgt die Strategie, die Menschheit langsam, aber sicher auf seine außerirdische Gewöhnlichkeit einzustimmen. Aber wen würden Sie an Gottes Stelle mit ins Boot holen, wenn es kurz vor dem Ziel ans Eingemachte geht?

Es gibt eine denkbare Lösung für meine Frage: die 2.000 Jahre alte Glaubensinstitution Vatikan, die älteste und größte Glaubensvereinigung in der Geschichte.

Die schöne Dame hat Lucia drei Botschaften übermittelt, die von ihr später niedergeschrieben und dem Vatikan übergeben wurden. Ich bin der Ansicht, dass Gott in der dritten Botschaft von Fatima mehr gesagt hat, als uns der Klerus mitteilte. Darauf werde ich gleich zu sprechen kommen.

Zuvor möchte ich einige Worte zu Lucia dos Santos sagen. Lucia war ganz sicher eine absolut wahrheitsliebende und glaubwürdige Person. Sie hat nie gesagt, dass ihnen die Jungfrau Maria oder die Gottesmutter erschienen sei. Ich finde, das spricht für ihre Ehrlichkeit. Lucia war sogar verärgert und beschwerte sich schriftlich beim örtlichen Bischof, als man 20 Jahre später für die Öffentlichkeit ein Bild von der Erscheinung zeichnete. Dieses entsprach nämlich dem typischen Marienbild, und das sei so nicht richtig, sagte ausgerechnet Lucia! Die Erscheinung habe ganz anders ausgesehen, als die Kinder sich das anhand der frommen Mutter-Gottes-Bilder im Kopf ausgemalt hätten. Es war ein weibliches Wesen von kleiner Statur mit auffällig schwarzen Augen und geschätzt höchstens 18 Jahre alt.[32]

In der Zeit von 1921 bis 1946 verschwand Lucia von der Bildfläche. Sie bekam eine Schulbildung und trat auf eigenes Drängen hin später einem Orden bei. Alles inkognito. Ihre wahre Identität war nur den

---

[32] Vgl. Barthas, S. 54.

Leitern der Einrichtungen bekannt. Das heißt aber nicht, dass Lucia von ihnen verehrt wurde. Ganz im Gegenteil. Anfänglich betrachtete man sie als eine ungebildete Hinterwäldlerin und man ließ sie spüren, dass man ihr die göttliche Verbundenheit nicht glaubte oder auch nicht gönnte. Das änderte sich aber nach und nach. Erst im Jahr 1946 kehrte Lucia öffentlich nach Fatima zurück.

1942 wurden die erste und die zweite Botschaft von Fatima veröffentlicht, das dritte und große Geheimnis erst fast 60 Jahre später, im Jahr 2000. Der offizielle Inhalt des dritten Geheimnisses passt jedoch weder zu dem großen Bohei, das um die Datumsetzung für die Veröffentlichung der Botschaft gemacht wurde, nämlich nicht vor 1960, noch zu der Reaktion dreier Päpste nach dem Lesen der Botschaft (siehe die folgende Chronologie).

1930: Der zuständige Bischof erklärte die Verehrung Unserer Lieben Frau in Fatima für glaubwürdig.
1935: Erstes Gedächtnisprotokoll Lucias nach kirchlicher Aufforderung. Lucia berichtete nicht umfassend.
1937: Fertigstellung der „zweiten Erinnerung" mit der Angabe, dass sie nunmehr alles gesagt habe.
1941: Aufforderung, „vergessene" Fakten mitzuteilen; Mitteilung Botschaft eins und zwei, Vorbehalt der Botschaft drei.
1941: Nachfrage zu weiteren Einzelheiten der „Engelserscheinungen".
1942: Veröffentlichung des ersten und zweiten Geheimnisses am 25. Jahrestag der ersten Erscheinung auf Befehl Papst Pius XII.
1944: Niederschrift der Botschaft drei. Ausdrücklicher Vorbehalt: Öffnung nicht vor 1960 durch Bischof von Leiria.
1946: Frage an Lucia und Bischof zum Öffnungsdatum. Antwort Lucias: Die Heilige Jungfrau will es im Jahr 1960.

1955: Erneute Nachfrage zum Öffnungsdatum der Botschaft drei. Antwort: 1960, weil sie dann klarer erscheine.
1957: Übergabe des Geheimnisses an das Geheimarchiv des Heiligen Offiziums.
1959: Papst Johannes XXIII. las Botschaft drei. Er entschied sich, den dritten Teil nicht zu veröffentlichen.
1965: Papst Paul VI. las den Inhalt. Rückgabe des Umschlages und weitere Geheimhaltung.
1981: Papst Johannes Paul II. las die Botschaft nach dem missglückten Attentat auf ihn. Weitere Geheimhaltung.
1985: Verlautbarung des Papstes: Keine Veröffentlichung, weil die Botschaft falsch verstanden werden könnte.
1992: Verlautbarung der Schwester Lucia: Die Liebe Frau will keine Veröffentlichung, außer mit großer Klugheit.
2000: Bekanntgabe der angeblichen dritten Botschaft. Stichjahr 1960 war nicht ultimativ, sondern relativ.

Ich werde Ihnen nun die drei Botschaften kurz vorstellen und erläutern, warum ich die offizielle Erklärung des Vatikans über den Inhalt des dritten Geheimnisses für unglaubwürdig halte.

Die erste Botschaft beinhaltete die Vision der Hölle mit allem Drum und Dran. Die Kinder bekamen ein Feuermeer mit menschlichen und teuflischen sowie tierischen Gestalten zu sehen, untermalt mit Schmerzensgeheul und Verzweiflungsschreien. Die Vision dauerte nur einen Augenblick.
　　Die „Liebe Frau" nahm den Kindern den Schrecken und sprach voll Güte die zweite Botschaft.

Die erste Botschaft

Die zweite Botschaft war also kein Kino mehr, sondern eine mündliche Botschaft von der „Lieben Frau". Es geht um Krieg und Frieden, um Weltpolitik, um die Verfolgung der Kirche und um die Anerkennung Gottes, um religiöse Irrlehren und ausdrücklich um die Bekehrung Russlands. Danach folgte die ach so geheimnisvolle dritte Botschaft.

Die zweite Botschaft

Die dritte Botschaft

Die dritte Botschaft soll nach offizieller Darstellung im Grunde nichts anderes gewesen sein als die zweite, mündlich überbrachte Botschaft, jetzt aber wieder im Videoformat. Die „Liebe Frau" lieferte demnach mit der dritten Botschaft ein einprägsames 3D-Kino über das drohende Ende der monotheistischen Religion.[33]

Das bedeutet: Dem Trugbild von der Hölle (das 3D-Kino der ersten Botschaft) und der drohenden Peitsche (die verbal ergangene zweite Botschaft) folgte die dritte Botschaft in Form einer filmischen Untermalung der in der zweiten Botschaft mündlich in Aussicht gestellten Konsequenzen, wenn sich religiöse Irrlehren über die Welt verbreiten.

Jetzt fragen wir uns allen Ernstes: Was soll an der filmischen Umsetzung der zweiten Botschaft so umwerfend sein, dass drei Päpste das dritte Geheimnis der kinovertrauten Öffentlichkeit nicht zumuten

---

[33] Zu den drei Botschaften siehe auf der Website des Vatikans: http://www. vatican.va/roman_curia/congregations/cfaith/documents/rc_con_cfaith_ doc_20000626_message-fatima_ge.html (zuletzt abgerufen: 11.01.2018).

konnten (siehe die vorstehende Chronologie 1959, 1965 und 1981)? Was hätte die Öffentlichkeit daran falsch verstehen können (siehe die vorstehende Chronologie 1985)?

Im Jahr 2000 erfolgte dann die Veröffentlichung des dritten Geheimnisses, das jahrzehntelang zurückgehalten wurde, aus Sorge, die Botschaft könne falsch verstanden werden. Wo liegt denn in diesem Vorgehen die explizit geforderte „große Klugheit" (siehe die vorstehende Chronologie 1992)?

Eines scheint jedenfalls sicher: Niemals hätte die der Öffentlichkeit präsentierte Variante drei Päpsten den Schweiß auf die Stirn getrieben. Meines Erachtens hat Gott sich in der dritten Botschaft von Fatima dem Vatikan gegenüber geöffnet, das heißt, er hat seine außerirdische Gewöhnlichkeit und seine Forderung nach der Einheit im göttlichen Geiste bekannt gegeben.

Wenn Gott in der dritten Botschaft Tacheles redete und vom Vatikan zwei Ungeheuerlichkeiten verlangte, nämlich die Bekanntmachung seiner kosmischen Gewöhnlichkeit und die Verständigung der monotheistischen Religionen mit dem einheitlichen Fokus auf Gott – ja, dann ist das jahrzehntelange Zögern der Päpste verständlich.

Vor dem Hintergrund all meiner Erhebungen zu Gott, angefangen bei den von Henoch preisgegebenen Namen der Söldner aus dem Heer Gottes, die zu Beginn des Projekts „Erde" unseren Planeten betraten, bis hin zu den politischen Ereignissen im 20. Jahrhundert und darüber hinaus bis zum heutigen Tag, dürfte die wahre Botschaft lauten:

- Gott und Engel sind nur ein Geschlecht unter vielen Geschlechtern im Universum.
- Gott will, dass die Menschen ihm dienen.
- Gott will den einheitlichen Glauben an seine Macht.

Das ist meines Erachtens der wahre Inhalt der dritten Botschaft. Übrigens ist die Aussage des ersten Aufzählungspunktes keine Erfindung von mir. Diese Worte stammen aus einer authentischen Schrift namens Judasevangelium, verkündet und verlesen im Jahr 2006 an der Westfälischen Wilhelms-Universität zu Münster. Demnach vertraute bereits Jesus seinem ausdrücklichen Vertrauten Judas eben dieses Geheimnis an! Ich habe den abenteuerlichen Irrweg dieser Schrift in meinem ersten Buch, aber auch auf meiner Homepage www.judas-aries.de, zusammengefasst.

Die Funktion der drei Seherkinder

Die liebe Dame erschien bis zum Jahr 1920, also noch drei Jahre über das große Ereignis hinaus, mehrmals exklusiv für Francesco und Jacinta – und zwar, um die beiden Kinder in den ausdrücklich bestimmten zeitnahen Tod zu begleiten!

Wie ist diese Ungeheuerlichkeit zu verstehen?

Meines Erachtens gab es eine Stufenfolge in der Nützlichkeit der drei Seherkinder für das Vorhaben der operierenden göttlichen Macht. Die zehnjährige Lucia erhielt den Status einer Prophetin, also einer weissagenden und mahnenden Person. Die siebenjährige Jacinta sollte die Zeugin der Erfahrungen sein. Der neunjährige Bruder von Jacinta, Francesco, war offenbar nur ein situationsbedingtes Anhängsel. Wie komme ich zu dieser Annahme?

Die Hologramm-Show, mit der man den Kindern Informationen zukommen ließ, wurde differenziert übermittelt. Francesco konnte bei den Vorgängen im Jahr 1917 zunächst weder sehen noch hören. Erst auf den Einwand von Lucia: „Ihr seid also eine Dame vom Himmel und Francesco kann Euch nicht sehen?", durfte Francesco die Show visuell verfolgen, aber nicht hören. Die Gespräche wurden nur Lucia und Jacinta übermittelt.

Beim Zusammentreffen mit dem jungen Mann von 1915/1916 war es so, dass Francesco ihn von Beginn an sehen, aber wiederum nicht hören konnte, obwohl er seine Cousine Lucia sprechen hörte. Möglicherweise wurde das gesprochene Wort gezielt in die Köpfe Einzelner übermittelt. Diese Zukunftstechnologie ist heute nicht mehr so abwegig. Weil Francesco den jungen Mann aber von Beginn an sehen konnte, könnte dies meines Erachtens für das reale Erscheinen des jungen Mannes sprechen.

In jedem Fall wurde Francesco ausgeschlossen. Warum?

Ganz einfach: Viele Köche verderben den Brei. Aber warum wurde dann Jacinta ins Boot geholt? Denn sie durfte von Beginn an alles sehen und hören.

Für die Antwort müssen wir einen Blick auf die Prophetin werfen. Lucia galt als gehorsam, demütig und bedächtig. Sie war nicht der Typ, der sich mit Exklusivrechten gebrüstet hätte. Stellen Sie sich vor, man hätte Lucia allein kontaktiert und sie ermuntert, die wahrgenommenen Erscheinungen der Öffentlichkeit mitzuteilen. Wäre es ihr auf diese Art gelungen, das öffentliche Interesse zu wecken und die Leute hinaus aufs Feld zu locken? Selbst als mehr und mehr Dorfbewohner vom religiösen Charakter der Ereignisse überzeugt waren, erfuhren die Kinder noch starke Anfeindungen innerhalb der eigenen Familie, der Verwandtschaft, aus der Nachbarschaft und auch von behördlicher Seite. Noch zum 13. Juli hin erhielt Lucia in ihrem Elternhaus Ohrfeigen und Fußtritte für ihre Anmaßung, im Auftrag Gottes zu sprechen. Vor der vierten Erscheinung am 13. August wurden die Kinder sogar offiziell inhaftiert. Das Spektrum der Anfeindungen reichte von Bedrohungen über Körperverletzungen bis hin zum Freiheitsentzug mit der Androhung tödlicher Folter von behördlicher Seite! Glauben wir also nicht, dass Lucia mit einer ichbezogenen und blasphemieverdächtigen Gotteserscheinung jemals auch nur mit einem Wort über die Schwelle ihres Elternhauses an die Öffentlichkeit gekommen wäre. Niemals!

„Was tun?", sprach Gott. Die Antwort lautete: „Wenn wir uns der Öffentlichkeit präsentieren wollen, dann machen wir ein Geheimnis aus der Sache und lassen es über Dritte ausplaudern." In Fatima musste ein Whistleblower ran, welcher unter dem Siegel der Verschwiegenheit verriet, was sich auf dem Felde zugetragen hatte. Ein siebenjähriges, lebhaftes und wissbegieriges Mädchen wie Jacinta war die geeignete Plaudertasche. Man konnte getrost darauf wetten, dass ihre Freude und Verwunderung über das fantastische Erlebnis nach kurzer Zeit aus ihr herausplatzen würden.

So war es auch. Erst über das alte Prinzip der Geheimniskrämerei im Wechselspiel zwischen der verschwiegenen Lucia und der Zeugin Jacinta wurde die erforderliche Neugierde geweckt, die den Stein ins Rollen brachte. Die Kinder wurden in ihrer Unbedarftheit von Gott benutzt, und – das müssen wir anerkennen – es hat hervorragend funktioniert. Noch heute pilgern Millionen zur viertgrößten katholischen Kathedrale der Welt.

Von welcher Wichtigkeit die Whistleblower-Rolle war, soll uns die folgende Begebenheit zeigen. Im Jahr 1934, als Jacinta schon 14 Jahre tot war, wurde Lucia erneut von Unserer Lieben Frau aufgesucht. Es

46

war der Tag, nachdem sie das ewige Gelübde abgelegt hatte. Sie war als Arbeitsschwester in einem Kolleg tätig. Die Oberin las aus den Gesichtszügen Lucias, dass sie irgendwie verändert war. Auf Befragen erzählte Lucia ihr mit gesenktem Blick, errötet und stammelnd von der Begegnung. Selbst zu dieser Zeit stand Lucia allein auf weiter Flur. Die Oberin fuhr ihr über den Mund: „Lassen wir das! ... Seien Sie vernünftig, Schwester. Gehen Sie an die Arbeit."[34]

Zurück zu der kleinen Whistleblowerin und ihrem Bruder. Weil es in der Prophetie letztlich nur einen geben kann, ließ Gott den bis dahin arg gebeutelten Kindern mitteilen, dass Jacinta und Francesco nach erfolgter Mission sterben sollten: *„... Jacinta und Francesco werde ich bald holen. Du (Lucia) aber musst noch einige Zeit hier unten bleiben. Jesus will sich deiner bedienen ..."*

Das lästige Anhängsel Francesco sollte laut der schönen Dame bezeichnenderweise als Erster sterben. So geschah es auch. Im April 1919 starb er und danach, im Februar 1920, seine Schwester. Die schöne Frau sagte äußerst konkret und detailliert die einzelnen Stationen des Krankheitsverlaufs von Jacinta voraus. Sie wusste also, was geschehen würde.

Lässt sich hier eine Strategie erkennen? Waren die beiden Kinder für den *lieben Gott* nicht mehr nützlich, nachdem sie ihm geholfen hatten, die Aufmerksamkeit der Öffentlichkeit zu gewinnen?

Heute pilgern Millionen nach Fatima. Niemand hinterfragt, warum der von den Gläubigen gewünschte *liebe Gott* Kinder benutzt, misshandelt und anschließend zu Fallobst werden lässt.

Doch so kennen wir ihn schon lange! Mit anderen Worten: Im Westen nichts Neues, denn schon zu alter Zeit ließ Gott im Nahen Osten Johannes den Täufer ins offene Messer rennen, nachdem dieser Jesus den Weg bereitet hatte. Gestern wie heute derselbe Modus Operandi.

---

[34] Vgl. Barthas, S. 258.

Vorgestern die Sintflut – gestern der Sintvirus?

Bekanntlich wütete zwischen 1918 und 1920 die Spanische Grippe, an der auch die beiden Geschwister Jacinta und Francesco starben. Die große Grippe-Pandemie, die rund um den Erdball viele Millionen Todesopfer forderte, gibt jedoch bis heute Rätsel auf.

Zunächst möchte ich darauf hinweisen, dass die Bezeichnung „Spanische Grippe" irreführend ist. Der Erreger kam ausgerechnet aus *Gods' own Country*, also den USA, und zwar sechs Monate nach dem großen Ereignis in Fatima. US-Armeeschiffe trugen den Erreger in die Welt. Von Juni bis August 1918 war eine rasante Ausbreitung um die Erde vollzogen.[35]

Die Spanische Grippe brach zu einer grippeuntypischen Jahreszeit aus, nämlich im Frühjahr. Zum August 1918 flachte die erste Welle ab, aber nur, um bereits Mitte August explosionsartig mit der zweiten Welle so richtig loszulegen. Ein solch kurzer Abstand zwischen den Wellen ist ebenfalls grippeuntypisch. Der Erreger gelangte in nur gut einer Woche mit US-Armeeschiffen von Boston nach Brest/Bretagne. Parallel wurden die westafrikanischen Städte Freetown/Sierra Leone und Dakar/Senegal durch die britischen Schiffe HMS Mantua und HMS Ebro infiziert. In kurzer Zeit waren die Menschen in Europa über Afrika, Indien und China bis nach Australien erkrankt. Indien traf es, selbst unter Berücksichtigung der verhältnismäßig hohen Einwohnerzahl, besonders hart. Dort weiß man ziemlich genau von ca. 17 Millionen Toten. Im Oktober 1918 wurde Alaska mit dem Schiff *Tulane* infiziert. Ganze Inuit-Dörfer hatten keine erwachsene Bevölkerung mehr. Man

---

[35] Vgl. Wilfried Witte (Arzt und Medizinhistoriker): *Tollkirschen und Quarantäne – Die Geschichte der Spanischen Grippe*, Verlag Klaus Wagenbach, Berlin 2010, S. 1.

fand Kinder in den Armen ihrer toten Mütter.[36] Im November 1918 wurde die Krankheit mit dem Schiff *Navua* auf Tahiti gebracht.[37] So bösartig wie zu diesem Zeitpunkt kannte man die Grippe nicht, viele Menschen starben innerhalb kürzester Zeit.[38]

Neben dem untypischen zeitlichen Beginn tat sich noch ein weiteres Rätsel auf: Der Erreger tötete insbesondere junge und robuste Menschen im Alter von 20 bis 40 Jahren.

Die städtische Bevölkerung in Deutschland stand zum Ende des Ersten Weltkrieges mehr unter dem Eindruck der bösartigen Krankheit als unter dem der großen Niederlagen. In der italienischen Presse spekulierte man sogar über eine in Laboratorien entwickelte Biowaffe. Nicht zuletzt deshalb, weil sich damals die Erregerfrage nicht eindeutig klären ließ. Auch waren die Menschen erschrocken wegen der tiefblauen bis schwarzen Leichname. Die Haut der Erkrankten verfärbte sich blau und sie rangen nach Luft. Sie erstickten vor den Augen der ratlosen Behandelnden.[39]

Seit Jahrzehnten rätseln Wissenschaftler über die Ursache der ungewöhnlich heftigen Krankheit. Der Evolutionsbiologe Prof. Michael Worobey von der University of Arizona in Tucson, Leiter eines Forschungsteams zur Untersuchung der sogenannten Spanischen Grippe, äußerte:

„Seit der großen Grippe-Pandemie von 1918 blieb es ein Mysterium, wo

---

[36] Vgl. Witte, S. 11.

[37] Vgl. Witte, S. 13.

[38] Vgl. Witte, S. 5 f.

[39] Vgl. Witte, S. 6 ff.

das Virus herkam, warum es so heftig war und vor allem, warum es junge Erwachsene in der Blüte ihres Lebens tötete."[40]

Erst im Jahr 2014 glaubte das Forscherteam, eine Erklärung gefunden zu haben, warum vor allem junge Menschen erkrankt waren: Ihnen fehlte die Immunität gegen das Virus.[41]

Meine Frage lautet nun: Wie konnte Unsere Liebe Frau ein halbes Jahr vor dem Ausbruch der Pandemie so sicher sein, dass Lucia überleben sollte? Rund um Lucia starben die Menschen wie die Fliegen. Trotzdem bewahrheitete sich die Vorhersage.

Wurde Lucia rechtzeitig geimpft? Die Gelegenheit dazu war da. Und zwar beim ersten Treffen mit dem jungen Mann im Herbst 1915, wo Lucia, Jacinta und Francesco für alles Weitere vorbereitet wurden. Nur Lucia wurde bevorzugt versorgt. Und nur wer die Kontrolle über den Erreger hatte, konnte für Lucias Überleben sorgen.

An diesem Punkt meiner Untersuchungen möchte ich folgende Frage in den Raum stellen: Ist es denkbar, dass die Pandemie durch die außerirdische Macht namens „Gott" vorsätzlich gesetzt wurde?

Mir ist bewusst, dass diese Spekulation Angst einflößt. Aber wer neben Völkermorden und diversen anderen Todesschlägen die Sintflut schickte, ist auch zu vergleichbaren Taten fähig. Dass es die Sintflut in der Tat gegeben haben dürfte, warum sie veranlasst wurde und was man darunter zu verstehen hat, habe ich in meinem zweiten Buch dargelegt. Dabei stütze ich mich u. a. auf eine fast 100 Jahre alte, sehr wertvolle Arbeit, in der rund 300 Sintflut- oder Flutlegenden aus aller

---

[40] Vgl. „Warum die Spanische Grippe so verheerend war", WELT, 29.04.2014, https://www.welt.de/gesundheit/article127418306/Warum-die-Spanische-Grippe-so-verheerend-war.html (zuletzt abgerufen 24.01.2018).

[41] Vgl. *„Spanische Grippe"*, Spiegel Online, 29.04.2014, http://www.spiegel.de/wissenschaft/medizin/spanische-grippe-erklaerung-fuer-verheerende-pandemie-von-1918-a-966720.html (zuletzt abgerufen: 11.01.2018).

Welt zusammengetragen wurden.[42] Und wie wir aus dem Gilgamesch-Epos[43] und sogar von den Pawnee-Indianern Nordamerikas[44] wissen, kamen die selbsternannten Götter nach der Sintflut überein, bei nächster Gelegenheit zu einer anderen Massenvernichtungswaffe zu greifen. In der Bibel bleibt immerhin die Äußerung Gottes mit Bezug auf die Flut, dass er die Menschen künftig nicht mehr auf diese Art schlagen möchte.[45]

An dieser Stelle möchte ich Folgendes deutlich hervorheben: Laut Strafgesetzbuch ist das Herbeiführen einer Überschwemmung eine Katalogstraftat für die Definition einer terroristischen Vereinigung. Die halbe Erdbevölkerung glaubt an den *lieben Gott* unseres großen Monotheismus. Unsere Gesetzgeber und viele andere Menschen schwören auf die Bibel und somit auf das Selbstbezichtigungsschreiben einer terroristischen Macht.

---

[42] Prof. Dr. Johannes Riem: *Die Sintflut in Sage und Wissenschaft*, Agentur des Rauhen Hauses, Hamburg 1925.

[43] Vgl. Hermann Gunkel: *Schöpfung und Chaos in Urzeit und Endzeit*, Vandenhoeck & Ruprecht, Göttingen 1895, S. 427.

[44] Vgl. G. A. Dorsay: *The Pawnee Mythology*, Publication of the Carnegie Institution of Washington 1906, S. 134 und S. 296.

[45] Vgl. Bibel, 1. Mose 8,21.

Natürlich wollen wir so etwas nicht hören. Aber der große Sach- und Sinnzusammenhang lässt den scheußlichen Gedanken zumindest aufkommen. Vorgestern die Sintflut – gestern der Sintvirus?

Mit der Sintflut wurde laut Schriften auch Wissen fortgespült. Es handelte sich um geistige Erkenntnisse, welche Gott auf seinem Weg der Indoktrination gefährlich wurden.

Lässt sich dieses Muster auf die Grippe-Pandemie zwischen 1918 und 1920 übertragen? Waren deshalb junge Leute und Menschen mittleren Alters die vornehmlichen Opfer der sogenannten Spanischen Grippe während der Einstein-Ära? Zielte man auf Studenten, Intellektuelle und potenzielle Wissenschaftler ab? War die Pandemie somit eine Art Sprachverwirrung für die Wissenschaft auf den letzten Metern zur Zielgeraden für *Gods' own World*?

Wie bereits gesagt, wir wissen es nicht. Aber wir wissen um die treffsichere Aussage der schönen Dame zu Francescos und Jacintas Tod sowie um das Fortleben Lucias.

Eine Frage ist noch offen: Jacinta und Francesco starben im Alter von neun bzw. zehn Jahren. Damit gehörten sie nicht zu der typischen Opfergruppe der Zwanzig- bis Vierzigjährigen. Es wird noch kurioser, wenn wir bedenken, dass die Dauer der Krankheit vom Ausbruch bis zum Tod bei beiden Kindern ebenfalls untypisch lange währte, nämlich jeweils rund ein halbes Jahr. Francesco erkrankte im Herbst 1918 und starb am 04. April 1919. Jacintas Leiden dauerte von Mitte 1919 bis zum 10. Februar 1920.[46] Aus den Akten verschiedener Patienten, die der sogenannten Spanischen Grippe zum Opfer fielen, ist hingegen bekannt, dass der Tod innerhalb von sechs bis acht Tagen eintrat.[47] Die Bevölkerung sprach vereinfacht von „Morgens krank – abends tot. Abends krank – morgens tot".

Damit wird die Verfügung Gottes für den frühen Tod beider Kinder nur rätselhafter. Entweder starben die Kinder nicht an der Spanischen Grippe oder doch und der Krankheitsverlauf wurde aktiv hinausgezögert. Wir wissen es nicht. In jedem Fall spielte der lange Krankheitsverlauf den Machern von Fatima in die Hände. Jacinta durchlief klaglos ein unsägliches Martyrium und viele Leute sahen schon zu Lebzeiten eine kleine Heilige in Jacinta. Aber nicht, weil Jacinta ihre „göttliche" Verbindung hervorgekehrt hätte. Ganz im Gegenteil. Je mehr sie litt und je größer die Schmerzen wurden, desto stiller wurde sie und um so mehr nahm sie die vermeintlichen Bußübungen an. Sie wurde darauf vorbereitet. Mitte 1919 will sie von der *Schönen Dame* aufgesucht worden sein. Direkt zu der Zeit stellten sich die ersten Krankheitssymptome ein und Jacinta berichtete Lucia:

Unsere Liebe Frau hat mich wieder besucht. Sie will, dass ich in zwei Spitäler gehe, aber nicht um gesund zu werden, sondern um aus Liebe zum Heiland mehr für die Sünder zu leiden.[48]

---

[46] Barthas, S. 180, 193 ff.

[47] Witte, S. 32 ff.

[48] Barthas, S. 204.